Made in the USA
Middletown, DE
04 November 2019

77933846R00057